NÉCESSITÉ

D'UN NOUVEAU

CHEMIN DE FER

DE LYON A SAINT-ÉTIENNE

V

©

NÉCESSITÉ

D'UN NOUVEAU

CHEMIN DE FER

DE SAINT-ÉTIENNE A LYON

PAR

Émile BONNARDEL

Conseiller général du 1er canton

LYON
ASSOCIATION TYPOGRAPHIQUE
Regard, rue de la Barre, 12.

—

1869

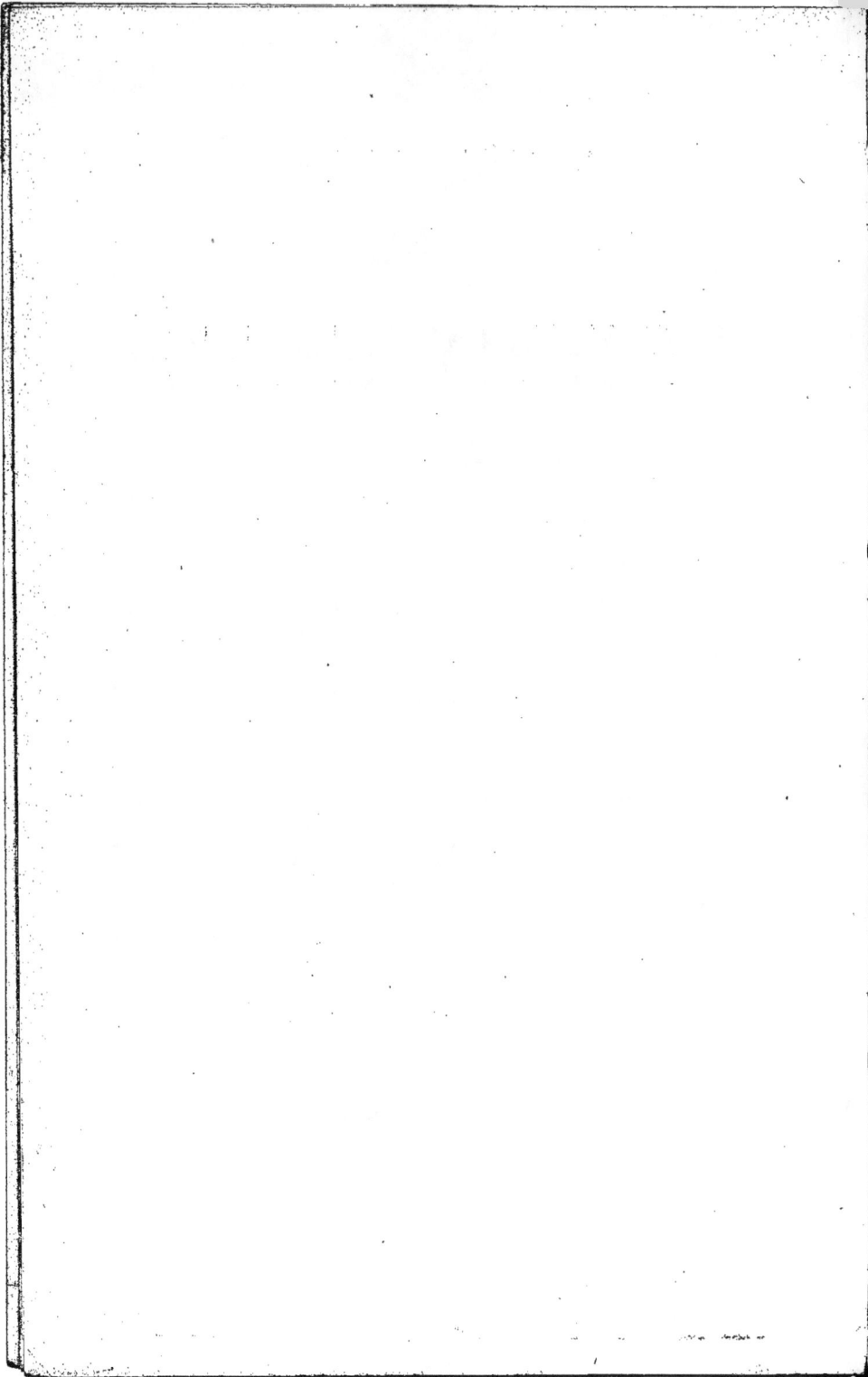

NÉCESSITÉ

D'UN

NOUVEAU CHEMIN DE FER

De Saint-Étienne à Lyon

Depuis quelques mois on a publié bon nombre d'articles de journaux, de brochures, pour attaquer ou défendre les votes des conseils généraux de la Loire et du Rhône relativement à des chemins de fer de St-Etienne à la limite du département de la Loire, et de Lyon à la limite du département du Rhône.

Ces projets, dont on s'occupait depuis longtemps, ne semblaient pas devoir provoquer une grande opposition. La Compagnie de Paris à Lyon et à la Méditerranée, qui remplit aujourd'hui tous les journaux de ses doléances, paraissait fort calme, quand tout à coup des réclamations ont surgi de toutes parts; les journaux indépendants, ceux dont l'opinion a le plus d'autorité, se sont faits les échos des protestations de la puissante Compagnie. Le débat a grandi et c'est à peine si nous oserions l'aborder à la hauteur où il a plu à certaines gens de l'élever, si nous n'éprouvions le besoin de le ramener sur son véritable terrain au moment où les conseils généraux vont de nouveau se réunir, où il importe enfin qu'une solution ait lieu. On a accusé ou de démence ou d'intrigue ceux qui avaient participé directement ou indirectement aux votes de ces chemins de fer : on a invoqué le droit et l'équité.

Où la lettre des traités ne pouvait donner raison, on en appelle à la justice, à l'esprit des contrats et on est allé même jusqu'à faire apparaître le spectre de la banqueroute s'il était porté atteinte au monopole des grandes compagnies, ce palladium, cette arche sainte de la fortune publique ! …

Et tout ce bruit pour deux chemins devant avoir ensemble 58 kilomètres !

Nous sommes-nous donc trompés? Avons-nous participé par notre vote à une iniquité ?

Avons-nous tort avec le Précurseur de l'Empire, et nos contradicteurs ont-ils raison avec M. Rouher le grand ministre, avec le député de la majorité quand même, M. Talabot et *tutti quanti* .... qui viennent d'obtenir que cette très-importante affaire soit soumise à de nouvelles enquêtes? Nous n'hésitons pas cependant à l'affirmer : après avoir lu avec soin tous les plaidoyers faits par la Compagnie (plaidoyers tous puisés du reste à la même source); après avoir lu le dernier rapport de cette Compagnie à ses actionnaires et les notes annexées; non, nous ne sommes pas complices d'une spoliation ; non, nous ne sommes pas dupes de spéculateurs. Comme dans toute construction de chemin de fer, il y a une compagnie, des actionnaires, une spéculation par conséquent, il le faut bien : et ce ne sont pas MM. Talabot et ses collègues qui peuvent y trouver à redire.

Nous exposerons donc loyalement les raisons qui ont déterminé notre opinion, notre conviction : puis nous répondrons de notre mieux aux objections qui ont été faites contre la concession du chemin de fer et surtout à celles qui lui ont été adressées dans le journal le *Temps*, dans une série d'articles publiés par M. Gaulier, serviteur dévoué de la cause libérale. C'est au nom de cette cause que nous combattrons ceux qui, en son nom, essaient de défendre, contre tous les intérêts du pays, en cherchant à l'étendre encore, le monopole effrayant des grandes compagnies. (1)

I

Spoliation des actionnaires, iniquité, oubli complet des conditions virtuelles du contrat de 1857 pour le rachat du Grand-Cen-

(1) Notre nom a été cité plusieurs fois dans les articles du *Temps* auxquels nous faisons allusion ; c'est qu'en effet nous avions adressé une réponse au premier article de M. Gaulier ; il nous a combattu, il a emprunté quelques lignes isolées à notre lettre sans l'avoir reproduite dans son ensemble ; espérant mieux, nous n'avions pas voulu la publier dans un autre journal. Une seconde lettre, dont les attaques nominatives faites contre nous nous donnaient le droit d'espérer sinon de réclamer la publication, n'a pas été plus heureuse. Nous regrettons de voir nos amis obligés de recourir aux procédés illibéraux qu'avec juste raison ils ont si souvent blâmés.

tral : tels sont les premiers reproches qu'adressent à la concession du nouveau chemin de fer tous ceux que la Compagnie de la Méditerranée a su intéresser à son malheureux sort.

Nous l'avouons, les arguments de cet ordre ont pour nous une grande valeur : nous mettons l'équité au-dessus de la lettre de la loi ; nous avons donc à examiner si les conseils généraux ont respecté le droit en votant les deux chemins de fer.

On n'a tiré aucune fin de non-recevoir du texte même des conventions ; on n'a pas fait la moindre objection au droit du gouvernement de les autoriser. La thèse n'eût pas été soutenable : mais si la lettre est respectée, l'esprit des conventions n'est-il pas violé ?

Pour bien préciser l'objet du litige, et sortir de la confusion dans laquelle s'obstinent la puissante Compagnie et ses défenseurs, il faut remonter à cette triste affaire du Grand-Central qui est le point de départ de leurs objections contre les nouvelles concessions.

Que s'est-il donc passé alors ? ... Jusqu'ici on ne s'était pas plaint du traité qui imposa aux compagnies d'Orléans et de la Méditerranée le rachat de cette ligne.

Nous ne trouvons dans le compte-rendu de M. Talabot à l'assemblée de 1858 aucune objection sur un prix trop élevé. Si l'on écrasait la Compagnie sous des conditions trop onéreuses, pourquoi les a-t-on acceptées ? pourquoi, à défaut d'autres moyens de résistance, ne pas faire un appel à l'opinion publique en protestant contre une pression inavouable, qui n'eût pu se produire au grand jour ?

Il y avait dans le Corps législatif, au Sénat, des administrateurs de divers chemins de fer, et ils n'ont pas pu dire un mot ! Ils ont laissé sacrifier, pour un intérêt particulier, les intérêts spéciaux qu'ils devaient défendre, et c'est après douze ans qu'ils rompent ce silence inexplicable !

Mais non ... ils se sont tu. Ils ont trouvé sans doute dans d'autres concessions un dédommagement au sacrifice qu'on leur imposait. En dehors de ce prétexte, nous leur dirons : ou vous avez été dupes et incapables, ou vous avez été complices et ne parlez plus alors de ces *influences irrésistibles* auxquelles vous avez cédé si facilement, et n'accusez personne !

Dans les chiffres qu'elle cite, la Compagnie de Paris à Lyon et Méditerranée comprend toujours toutes les lignes rachetées au Grand-Central. Pourquoi ne restreint-elle pas la question au chemin de Lyon à St-Etienne, seul en litige ?

C'est qu'il faudrait avouer, ainsi que l'ont dit les préfets du Rhône et de la Loire, que ces fameux déficits dont la Compagnie fait grand bruit dans son rapport et dans ses notes, ne s'appliquent pas à cette ligne, dont les recettes sont énormes, les frais très-minimes, puisque les convois marchent presque toujours à charge complète.

Les rapports des préfets ont estimé à fr. 240,000 par kilomètre les recettes de St-Etienne à Givors, et à 140,000 celles de Givors à Lyon.

La Compagnie constate en outre un accroissement constant : les usines métallurgiques, les compagnies de mines, les industries de toute nature attendent un accroissement bien plus grand, plus rapide et quand les moyens de transport seront *meilleur marché*, elles ne leur feront jamais *défaut*.

Mais une satisfaction complète sur ces deux points est le *sine qua non* de ce développement. La Compagnie ne dit mot du premier ; de la diminution de ces tarifs, qui mettent en état d'infériorité toute une contrée si riche, si industrielle, et répondant seulement à la réclamation sur l'insuffisance, promet, si besoin est, d'augmenter le nombre des trains. Tous les hommes spéciaux se plaignent déjà de l'encombrement du chemin de St-Etienne à Lyon ; ils sont effrayés pour la sécurité publique de ces immenses convois se croisant et se succédant à de courts intervalles, s'entassant dans des gares que la nature des lieux rend forcément trop étroites. La note annexe n° 2 prétend que le service peut être facilement doublé, et pour justifier cette affirmation, elle prend pour point de comparaison le chemin de Ceinture !...

Nous avouons ne pouvoir comprendre en aucune façon un semblable parallèle. Quoi, comparer les trains de 40 à 50 wagons du chemin de Saint-Etienne à ceux du chemin de Ceinture ! un chemin, souvent à 3 ou 4 voies, avec nombreuses gares d'évitement, des pentes très-faibles, des tunnels fort courts, un personnel nombreux, une surveillance comme elle doit l'être au siége des Compagnies, avec le chemin de Saint-Etienne, ses fortes pentes, ses courbes, le tunnel si dangereux de Terrenoire, ses gares encombrées, à peine suffisantes pour les besoins actuels du service, les affaissements causés par les mines... c'est à ne pas y croire !

II

Un second chemin de fer est donc nécessaire, et il trouvera des éléments de recettes dans cette augmentation naturelle que provoquera sa création et la diminution des tarifs. Mais il les trouvera bien plus immédiats encore dans toutes ces marchandises qui empruntent actuellement les voies de terre à cause de l'insuffisance et de la cherté du chemin de fer, et peut-être quelquefois aussi à cause des litiges avec la puissante Compagnie.

Ces transports ont diminué de 12 p. 0/0 sur la voie de terre, de Saint-Etienne à Givors, de 29 p. 0/0, de Givors à Lyon, depuis 12 ans (1). La Compagnie trouve un argument en sa faveur dans cette statistique, dont il y aurait lieu, si besoin était, de discuter, nous dit-on, les bases et les résultats. Nous avouons qu'il nous touche peu et nous constatons seulement qu'il reste assez de transports pour fournir au nouveau chemin les éléments de ses premières recettes, sans parler des transports intermédiaires que l'encombrement et le prix élevé de la voie actuelle ne permettent pas de lui confier.

Mais admettons même que nous lui enlevions une partie de ses recettes. Traduisons en chiffres hypothétiques, il est vrai, mais enfin possibles, ce tort que nous pouvons lui porter, cet immense dommage, cette spoliation inouïe.

En prenant les recettes données plus haut, nous trouvons environ dix millions et demi pour le produit de Saint-Etienne à Lyon. Ce total comprend toutes les marchandises dont la destination est au-delà de 100 kilomètres, c'est-à-dire qui jouissent de tarifs spéciaux ; la diminution ne portera donc que sur les transports de

(1) Il nous semble que la Méditerranée donne, dans le relevé de ces chiffres, un argument contre elle ; en effet, la diminution est bien moins forte de Saint-Etienne à Givors que de Givors à Lyon ; n'est-ce point parce que la première section étant plus encombrée que la deuxième et les marchandises rencontrant sous tous les rapports plus de difficultés, les autres moyens de transport se sont maintenus ?

Lyon à Saint-Etienne ou sur le parcours intermédiaire. Supposons que la nouvelle ligne prenne deux millions (1) bruts sur la recette totale, c'est donc douze cent mille francs nets, soit 1,50 par action que pourrait *peut-être* enlever cette ligne concurrente.

Or les actionnaires touchant fr. 60 par action de fr. 500, l'administration a l'espoir, fondé croyons-nous, de maintenir le dividende à ce taux de 12 pour cent, et on pousse les hauts cris parce que les actionnaires seront *peut-être*, de ce chef, réduits à toucher seulement 11,70 pour cent l'an. Mais, avant de parler de spoliation, d'iniquité, M. Talabot a-t-il oublié que *per fas et nefas*, par des tripotages de tarifs spéciaux, différentiels et autres, il a ruiné sans pitié la navigation ; et là aussi il y avait des actionnaires intéressants !

Et a-t-on songé aux maîtres de postes qu'on dépouillait, à tous les intérêts qu'on froissait lorsqu'on a concédé le monopole aux grandes Compagnies de chemins de fer ? Les plaintes ont été étouffées sous une nécessité implacable, les blessés ont réclamé des secours, qu'ils n'ont pas obtenus. Nous le disons donc sans hésiter, le droit, l'équité ne sont pas violés, aucun danger ne menace l'organisation financière de notre pays parce que les actionnaires de la puissante Compagnie sont menacés *éventuellement* de perdre 1/40e de leur revenu.

III

Nous avons souligné le mot *éventuellement*, et, en effet, en supposant que l'abaissement des tarifs auquel, nous l'espérons bien, la Compagnie de la Méditerranée sera forcée de consentir, que la concurrence de la seconde ligne lui enlèverait deux millions de recettes brutes, ne les retrouvera-t-elle pas dans l'augmentation de la circulation ; mais surtout ne lui sera-t-il pas facile de se procurer des compensations ?

A notre avis, elle le peut si elle le veut.

Sans parler exclusivement de la ligne de Saint-Etienne, nous pouvons lui indiquer beaucoup d'autres points où le trafic lui échappe par ses tracasseries, son inexactitude. Tout le monde sait

(1) Nous croyons exagérer beaucoup le dommage possible.

à Lyon que des services, à grande et petite vitesse, se sont établis sur toutes les lignes. Nous le voyons surtout pour la ligne du Dauphiné, que nous parcourons fréquemment ; on a forcé tout le commerce, que devrait desservir le chemin de fer, à créer des services de fourgons et de voituriers, qui rendent meilleur marché et plus vite les marchandises à leur destination. Il en a été de même sur les autres lignes qui aboutissent à Lyon.

Pourquoi la puissante Compagnie laisse-t-elle aux Messageries impériales et à d'autres le soin de recueillir les millions qu'elle pourrait trouver dans le service de la petite messagerie ?

De plus n'économiserait-elle pas des centaines de mille francs en mettant un frein au zèle des chefs du contentieux, et en diminuant cette immense quantité de procès qui coûtent si cher directement et indirectement à la Compagnie, et que ses amis les plus dévoués désapprouvent ?... Ce serait une économie d'une part, et beaucoup moins d'ennemis de l'autre.

Que M. Talabot profite de sa position de député, d'ami du premier degré, pour demander au gouvernement qu'il cesse, partout où cela sera possible, de charger l'administration des postes de cette immense quantité de petits paquets, d'imprimés, qui encombrent les postes et tendent à rendre impossible le service des facteurs ruraux et même ceux des villes.

Nous nous arrêtons : la Compagnie sait mieux que nous où elle peut trouver des dédommagements ; comme tout *monopole*, elle préfère la tranquillité, le *statu quo*.

IV

Le monopole veut le *statu quo*, et c'est non-seulement au nom de la Compagnie soi-disant menacée que se sont levés, pour la défendre, les administrateurs de chemin de fer, les financiers, les économistes libéraux eux-mêmes, c'est au nom du puissant monopole des six grandes Compagnies françaises.

Le précédent, si on le laissait s'établir, les menacerait, et rien n'empêcherait, dit-on, la création de lignes concurrentes partout où quelques intérêts de départements limitrophes parviendraient à s'entendre.

Notre position particulière (j'ai été vingt ans agent de change), les intérêts de nos amis, sans parler des nôtres, nous font un devoir, après avoir étudié la question au point de vue des actionnaires de P. L. et Méditerranée, de l'étudier encore à l'endroit des autres Compagnies. Notre titre l'indique, nous n'éludons pas la difficulté en nous appuyant sur ce que ce sont deux lignes ou plutôt trois lignes d'intérêt local qui seront concédées. Non, c'est une seule ligne, si vous le voulez, qui va de Lyon à Saint-Etienne; ce n'est point un chemin d'intérêt local, c'est un chemin d'intérêt spécial, d'intérêt général même, divisé entre deux ou trois concessionnaires.

En quoi ces 56 ou 58 kilomètres sont-ils une menace? Peuvent-ils devenir tête de ligne d'un nouveau chemin de fer de Lyon à Paris ? Mais la ligne de Tarare, par Lyon, serait toujours plus courte ! Mais vous vous effrayez de la double pente de Saint-Etienne au point culminant de Terrenoire, et de Terrenoire à Givors, pentes trop fortes pour un chemin de fer d'intérêt général. Vous vous effrayez de ses courbes de 300 mètres; ce n'est donc pas une grande ligne, c'est donc un chemin nécessaire, indispensable, réclamé par toute une population, tout le commerce de deux grandes villes de notre plus important bassin houiller et métallurgique. Peut il y avoir en France, je ne dis pas plusieurs lignes, une seule dans une pareille situation ; par conséquent cette concession peut-elle menacer les grandes Compagnies, créer ce précédent dangereux qu'on veut avoir l'air de redouter? Nous ne le pensons pas. De plus y eût-il des positions identiques, nous ne pouvons voir dans ces fractions de ligne une menace qui pût nous arrêter, ni même nous faire hésiter.

La Bourse du reste ne s'y est pas trompée ; elle a suivi avec indifférence cette polémique, et nous n'avons pas su que des porteurs du Nord ou d'Orléans s'en soient préoccupés le moins du monde.

On a compris que tout cet émoi artificiel était une affaire de boutique dont on cherchait le mot sans pouvoir le trouver.

V

Les questions générales résolues, nous avons à examiner les notes annexées par la Compagnie à son rapport à la dernière assemblée générale, et les plaidoyers de ses amis.

Et d'abord quelles sont les raisons qui ont déterminé les votes des conseils généraux des départements du Rhône et de la Loire? Pourquoi n'a-t-on pas donné de préférence ces concessions ou tout au moins celle de St-Etienne à Givors, à la Compagnie de Paris-Lyon-Méditerranée?

En faisant le compte des recettes du chemin actuel de St-Etienne à Lyon, nous parlions plus haut de diminution des tarifs, et nous admettions même comme *hypothèse*, ce qui, à notre avis, est contraire à la théorie et à l'expérience, une diminution de recettes de ce chef; c'est que le chemin actuel de St-Etienne à Lyon jouit de tarifs énormes. Pour ne citer qu'un seul article, les houilles paient 8 centimes par tonne et par kilomètre, tandis que sur toutes les autres lignes le maximum est 5 centimes et souvent il est abaissé à 4 et même 3 centimes. Si encore, en subissant ce tarif extraordinaire, les mines, les industriels, les consommateurs de toute espèce avaient trouvé un dédommagement dans l'exactitude et les facilités; bien au contraire, nul chemin n'est plus mal desservi, nulle part on n'est exposé à manquer si souvent de wagons, à recevoir les marchandises avec des retards plus longs.

Les conseils municipaux, les conseils généraux, les chambres de commerce, les préfets sont assaillis de réclamations; et, à toutes ces plaintes la puissante Compagnie fait la sourde oreille.

Aussi, dès qu'il s'est présenté des concessionnaires offrant de construire une ligne nouvelle *sans subvention*, réduisant les tarifs de houilles, acier, fontes, fer, etc. à un maximum de 5 centimes, diminuant de 30 0/0 les prix actuels sur les marchandises de toutes classes, et de 20 0/0 sur les voyageurs de 2ᵉ et 3ᵉ classe, offrant de plus à la Loire les avantages d'une Compagnie de navigation annexée à celle du chemin de fer, à la ville de Lyon la construction d'un pont longtemps réclamé, il n'y a pas eu l'ombre d'hésitation et l'adhésion a été universelle.

Si nous voulons nous rendre compte, sur la houille seule, des bénéfices qu'y trouve la ville de Lyon, nous lisons dans le rapport de M. Talabot que les houilles à destination de la *ville de Lyon* représentent 446,000 tonnes. Ce chiffre n'étant pas celui de l'octroi, nous supposons qu'une certaine quantité est réexportée; arrêtons-nous au chiffre de l'octroi, 1868, qui est de 271,000 tonnes pour la consommation *privée*, houilles et cokes compris; de ce chef c'est donc, à 3 centimes par kilomètre, sur 56 kilomètres une économie de fr. 455,000. Un ménage d'*ouvriers* consomme environ une tonne et demie par an ; c'est donc une journée d'ouvriers, deux journées d'une femme que représentent à Lyon ces 3 centimes !

Nous n'entrerons pas dans des détails de même nature pour les autres produits du sol ou de l'industrie : les procès-verbaux du conseil général de la Loire, ceux du département du Rhône et, mieux que ces actes officiels, les enquêtes ouvertes à St-Etienne et à Lyon répondront à la première question.

Il était bien inutile de chercher les motifs qui ont déterminé les conseils généraux dans des combinaisons politiques ou des tripotages financiers ; ils ont obéi aux vœux, aux besoins de leurs électeurs. Des intérêts indiscutables ont provoqué les votes unanimes des hommes de toute opinion, et représentants de la démocratie radicale aux conseils généraux, nous avons donné notre plus énergique appui à ce projet.

VI

Nous arrivons à la seconde question : Pourquoi ne pas offrir à la Compagnie de la Méditerranée la concession des nouvelles lignes?

Le grand intérêt pour le département de la Loire est, après l'abaissement des tarifs, la création d'une Compagnie de transports sur le Rhône jusqu'au canal St-Louis, dont les travaux approchent de leur complément.

Par ses prix peu élevés, cette Compagnie offrira sur les prix les plus bas du chemin de fer une réduction de 5 à 7 francs de St-Etienne à Marseille, et permettra aux produits divers de cette contrée d'arriver sur les côtes de la Méditerranée en concurrence avec les produits similaires des autres pays. Peut-on laisser dans les mains de la Méditerranée par le chemin de St-Etienne à Givors le moyen d'écraser cette Compagnie de navigation et de lui faire subir le sort de celle de la Méditerranée? Nous l'avons dit et écrit au début de la discussion, nous aurions voulu qu'il fût possible de donner satisfaction à tous les intérêts par une combinaison de ce genre; mais la Compagnie de navigation ne peut se former sous l'empire des craintes que lui donnerait incessamment sa puissante *alliée*, et le programme des désirs du département de la Loire surtout resterait incomplètement rempli. Ainsi ce n'est point tant l'écart de fr. 1, 08 par tonne, de St-Etienne à Givors, qui nécessite d'une manière absolue la création simultanée de la Compagnie de navigation et du chemin de fer; c'est la certitude formelle que la Compagnie de la Méditerranée trouverait toujours les moyens de faire mourir la première si, contre les intérêts de ses recettes ou *autres*, elle rendait quelques services au pays.

Les défenseurs de la Compagnie de Paris-Lyon-Méditerranée comprennent bien la juste défiance qu'inspire leur puissant client; aussi n'insistent-t-ils pas pour cet arrangement. « Supposons, disent-ils, que tout a marché au gré des populations du Rhône et de la Loire. Nouveaux chemins de fer, navigation, tout est pour le mieux! Qu'arrivera-t-il? C'est que ces malheureuses populations qui se plaignaient auront désormais bien d'autres sujets de gémir. »

Et nos avocats enferment alors bravement les concessionnaires, les industriels, les consommateurs de houille dans ce dilemme effrayant : Ou la Compagnie de navigation pourra faciliter aux houilles du bassin de la Loire la lutte contre les houilles anglaises et celles du bassin du Gard, ou ses espérances ne sont que des illusions.

« Or, dans le premier cas, disent les logiciens, vous élevez les prix du bassin de la Loire et alors vous ferez perdre aux industriels sur le coût de cette matière de première nécessité, ce que vous leur faites économiser sur les tarifs de transport; cette élévation se maintiendra à la limite où elle rendra l'exportation impossible... Vous n'aurez donc atteint qu'un résultat : élever les prix de la houille dans le bassin de la Loire. Vous aurez fait une chose, non-seulement inique, mais encore inutile. » L'argument était effrayant, c'était le procédé du spectre rouge sur le terrain de l'économie politique. On pouvait répondre tout d'abord par l'exemple de faits similaires démontrant que les facilités de transport n'augmentent pas le prix de la chose exportée. On sait, et c'est un fait théoriquement et pratiquement établi, que, les débouchés augmentant, la production suit cette progression ; de plus, les prix de revient diminuant, les bénéfices arrivent sans élévation de prix là où une faible consommation ne donnait que de la perte aux producteurs.

Mais, comme on pourrait faire observer que pour les houilles la production est limitée, qu'il serait imprudent de la surexciter, nous répondrons à cette observation par les affirmations de tous les directeurs de mines et entre autres par celle de M. Bayle citée dans la seconde note des concessionnaires du chemin de fer.

De plus les malheureux événements qui viennent de se passer dans le bassin houiller de la Loire et du Gier, cette grève que les ouvriers se sont imposée ou plutôt que l'*on* a laissé faire quand on aurait pu la prévenir ; ces événements, disons-nous, sont venus à point répondre victorieusement à l'argument des économistes défenseurs de la Méditerranée.

Il a suffi d'un abaissement de tarifs momentané, auquel, nous assure-t-on, la Compagnie de la Méditerranée (nous lui devons cette justice) a gracieusement consenti, pour permettre aux houilles de bassins fort éloignés d'alimenter les industries menacées de manquer de combustible. Nous ne connaissons pas exactement les conditions auxquelles ont été faites ces fournitures ; mais d'après celles dont les prix de revient nous ont été communiqués, il est évident que les Compagnies houillères de la Loire ne pourraient élever leurs prix sans trouver même autour d'elles la concurrence des houilles des autres bassins, de Blanzy surtout qui a toujours un dépôt à Lyon.

Nous avons combattu un peu longuement cet argument dont l'instinct seul des hommes pratiques aurait fait justice ; mais comme on l'avait posé à grand bruit en point capital, en menace vis-à-vis des consommateurs d'un prochain avenir, nous avons voulu qu'il ne pût rester une ombre d'incertitude chez aucun de nos lecteurs, nous avons voulu pouvoir dire comme conclusion :

Les nouveaux chemins de fer et la Compagnie de navigation seront un bienfait pour tous, et ne viendront froisser aucun intérêt : il n'était pas possible ou du moins, si l'on veut, il était fort difficile et dangereux de mettre la navigation sous la dépendance, à la merci de l'omnipotente Compagnie.

VII

On le remarquera, nous avons essayé de faire ressortir des résultats généraux, de l'ensemble de la situation les preuves de l'insuffisance du chemin de fer actuel de Lyon à St-Etienne, des dangers de son omnipotence. Nous n'avons pas voulu entrer dans la statistique des procès intentés à la Compagnie pour manque de wagons et retards de transports ; c'était, en vérité, une chose complètement inutile. Qui ne sait que les directeurs des grandes compagnies houillères tentent vingt démarches amicales avant d'arriver à une mise en demeure judiciaire? Quant aux établissements de toute nature, d'une importance secondaire, ils sont obligés de tout subir et de s'incliner sous la puissance de la Compagnie. Le danger serait grand pour eux de s'exposer à son courroux.

Nous n'avons fait qu'une allusion à sa manie de procès au moyen desquels elle lasse les plus légitimes intérêts, efface et brise les droits les mieux acquis.

Malheur aux faibles qui ne savent ou ne peuvent, comme l'ont fait les fabricants d'une petite ville de l'Isère, se réunir pour résister ; malheur aux pauvres qui ne peuvent pas, comme la Compagnie de Montrambert, suivre leurs riches adversaires devant *toutes* les juridictions administratives et judiciaires.

Cependant nous devons parler d'une statistique présentée d'abord à grand fracas dans la note qui a servi de base à toutes es défenses de la Compagnie (et qui même y figurait avec étrange distraction de calcul), puis développée dans les notes annexées au rapport à l'assemblée générale, et que nous reproduisons ici en l'extrayant de la brochure de M. Gaulier.

Les expéditions du bassin ont augmenté, de 1857 à 1868, de 1,390,000 tonnes, ce qui représente en douze années 120 pour cent d'augmentation.

Dans l'espace de dix ans la production de la houille n'a augmenté que de 1,375,000 tonnes, ce qui, sur le chiffre de 1858, représente 70 0/0 : et, de cette différence de *progression* entre les quantités

transportées et les quantités produites, les avocats de la Compagnie concluent à la suffisance du chemin de fer. Nous sommes, en vérité, on ne peut plus surpris qu'on présente de tels calculs comme des résultats jugeant souverainement la question.

D'abord, dans le premier cas, on a pris une période de douze ans et dans le second de dix ans seulement, donc aucun rapport à établir.

Mais admettons, si l'on veut, que la comparaison puisse être acceptée malgré ces bases différentes ; qu'en résulte-t-il ? que le chemin de fer a transporté tant bien que mal en 1868 ce que le bassin a produit. *en plus* (à un centième près, 1,390,000 contre 1,375,000). Il n'y a donc pas à se pâmer d'admiration parce que le chemin a transporté *en plus* ce que les mines ont produit *en plus*. Si dans le même espace de temps le nombre des colliers a diminué sur les routes ordinaires, c'est un résultat peu surprenant après l'amélioration et l'ouverture de diverses lignes de chemins de fer voisins.

Où est dans tout cela la preuve évidente que la Compagnie n'est point insuffisante et qu'elle pourra être en mesure de transporter tout ce que produirait le bassin houiller de la Loire, s'il était sûr des moyens de transport à bon marché et par suite de débouchés nouveaux ?

VIII

Nous venons de suivre les divers points généraux ou spéciaux présentés dans les publications en faveur de la Compagnie de la Méditerranée. Il nous reste à répondre à certains reproches que la presse adresse surtout aux conseils généraux du Rhône et de la Loire et à ceux qui ont soutenu et défendu leurs votes.

Nos raisons et nos arguments ayant été combattus sans être reproduits, nous allons suivre de nouveau le récit des griefs formulés contre les partisans des nouvelles concessions.

De tout ce qui précède, il ressort que nous ne méritons pas le reproche de n'avoir tenu aucun compte des droits acquis, de l'esprit des traités. Nous avons aussi repoussé l'accusation contre nous et les quelques journaux partageant nos opinions, de nous être faits les soutiens du Précurseur de l'Empire ... Qu'importe si le Précurseur de l'Empire a raison et si nos contradicteurs ont tort avec MM. Rouher, Talabot et consorts ! (1) — A ce grand grief de spoliation vis-à-vis des actionnaires de la Méditerranée, nous avons répondu par les chiffres : et de plus nous avons rappelé les procédés de l'implacable Compagnie contre les bateaux à vapeur, les maîtres de postes. Nous avons franchement, trop franchement même, si l'on veut, reconnu que la soudure bout à bout des deux chemins départementaux, constituait une véritable deuxième ligne de St-Etienne à Lyon. Sur ce point on nous a opposé (nous avions omis de le dire) une circulaire de M. Béhic, ministre lors de la promulgation de la loi sur les chemins départementaux ; nous avons beaucoup de vénération pour les circulaires de M. Béhic, mais nous ne songeons pas à en faire une charte inattaquable, surtout quand nous nous rappelons quel cas a fait la puissante Compagnie de la Méditerranée de la circulaire de ce ministre lors de son entrée en fonctions.

« Mais, disent dans les journaux indépendants des écrivains qui n'ont pas plus que nous confiance dans le gouvernement, si la Compagnie de la Méditerranée est aussi coupable que vous le prétendez, si les populations ont tant à se plaindre, comment ne vous plaignez-vous pas, pourquoi le gouvernement, gardien vigilant de vos intérêts, ne fait-il pas droit à vos justes griefs ? » Pourquoi ... nous ne savons et ne pouvons deviner, messieurs les défenseurs ! Les faits parlent.

M. Gaulier, analysant ou plutôt défigurant un passage d'une de nos lettres (non publiée), nous fait raconter une *naïveté*.

S'il eût reproduit à ce sujet simplement notre récit d'une conversation demi-officielle (puisqu'elle avait lieu dans le sein d'un conseil général et au sujet d'un vœu sur les chemins de fer), au lieu de chercher à faire sourire ses lecteurs, on aurait pu y voir la constatation de cette triste vérité ... que les magistrats les plus élevés de l'empire avouent leur *complète impuissance* vis-à-vis des illégalités commises par l'omnipotente Compagnie. On n'a pas

_____

(1) M. Rouher n'est plus au ministère, mais que peut-on espérer de ses successeurs !

oublié du reste qu'à diverses reprises les députés de la gauche ont porté les plaintes universelles à la tribune du Corps législatif. M. de Franqueville répondait en chantant les louanges des ingénieurs, contrôleurs et contrôlés et, comme à l'ordinaire, rien n'était changé, et le contrôle se continuait en famille. Si quelque malheureux commissaire du gouvernement s'avisait de se plaindre trop fréquemment, on répondait par le silence à ses observations, et il comprenait bientôt qu'il fallait se taire.

Tout est organisé dans l'administration de l'autocratique Compagnie de manière à ce qu'on ne puisse entraver l'autorité, qui commande sous le nom du Conseil d'administration. Voyez l'administration des postes elle-même qui passe pour être assez exigeante; depuis un an les courriers sur la ligne de Paris à Marseille sont très-souvent en retard. La ville de Marseille en souffre beaucoup; il est impossible de répondre le même jour, surtout pour les lignes desservies par correspondance, comme celle du Dauphiné. Pourquoi ces retards? parce qu'il ne convient pas à messieurs les ingénieurs de changer un truc (1).

Tout le commerce d'une immense contrée peut souffrir, mais il ne faut pas que M. l'ingénieur du mouvement puisse avoir tort !

Croirait-on que, malgré les intérêts qui relient Lyon et Genève, malgré les démarches des directeurs de poste des deux pays, on n'a pas pu obtenir de la Compagnie de la Méditerranée un service de correspondance aussi rapide que sous le régime antique des malles-postes ?

Nous pourrions remplir des pages de faits du même genre; mais est-il nécessaire d'insister pour prouver l'omnipotence des autocrates de la Compagnie qui commandent à plus de 30,000 employés ?

IX

Le conseil général des ponts et chaussées, saisi de la question des chemins de fer de Lyon à la limite du département du Rhône, et de St-Etienne à la limite du département de la Loire, s'est prononcé

(1) Des notes publiées par les journaux rejettent tous les torts sur l'administration des postes; cette dernière s'en défend. Nos populations souffrent de la lutte de ces deux amours-propres : voilà le résultat le plus clair.

à l'unanimité, dit-on, contre l'exécution de ces deux lignes. Nous laissons le soin d'attaquer cette décision à M. de Persigny ; il a été ministre assez longtemps, il est dans une assez grande intimité avec la pensée dirigeante, il connaît par conséquent le fort et le faible des hommes et des choses de la maison ...

La Méditerranée et ses défenseurs jettent les hauts cris contre l'inconvenance des procédés du duc de Charamande : c'est son affaire. Il doit avoir dans ses notes et souvenirs les moyens de se défendre. S'il prétend que des considérations *étrangères* ont pu influencer les opinions vis-à-vis des compagnies de chemin de fer, nous nous inclinons ; il en sait plus que nous.

Le conseil d'Etat a été moins affirmatif ; il ne s'est pas senti assez éclairé, il lui faut un supplément d'enquête. Le chemin départemental de la Loire a eu son enquête, celui du Rhône a eu la sienne : faisons encore une enquête, et l'on sera dans tous les cas bien habile si l'on peut faire sortir de ces enquêtes et contre-enquêtes autre chose qu'un formidable ensemble de plaintes et de réclamations contre la Compagnie de la Méditerranée.

« Cependant, nous dit-on, les journaux, échos naturels de cette opinion publique, que vous présentez comme unanime, les journaux des départements intéressés directement sont loin d'être d'ardents soutiens du projet ; quelques-uns sont tièdes, d'autres presque hostiles ! » La position particulière faite à la presse des départements par la loi sur les annonces judiciaires, les amendes, la prison, les difficultés de toute sorte qu'ont à subir les honorables et dévoués rédacteurs de ces feuilles, expliquent assez comment ils sont obligés, eux et les propriétaires (en général imprimeurs), de favoriser un gros client qui les aide à vivre et à faire vivre le journal (1). Pour nous, nous n'attachons, et nous connaissons des rédacteurs qui n'attachent pas plus d'importance à ces communications dont ils sont forcés d'émailler leur journal, qu'à une réclame pharmaceutique ou à un communiqué de la préfecture de la Seine.

Une nouvelle enquête était donc inutile. Les faits que nous avons cités plus haut répondent aux préoccupations du conseil

---

(1) La position faite par leurs imprimeurs aux divers journaux de Paris démontre mieux que toute parole la situation difficile des journaux de province.

d'Etat ; néanmoins, que cette enquête se fasse impartialement, que l'on consulte sérieusement les intéressés, que, sous prétexte de la soumettre au contrôle des gens spéciaux, on ne la laisse pas directement ou indirectement dans les mains de MM. les ingénieurs de la Compagnie, et nous sommes certain des résultats.

Toutefois, que les populations intéressées y fassent grande attention ; il faut être sur ses gardes toutes les fois que l'on à lutter avec la puissante Compagnie.

X

On reproche aux tracés des chemins projetés de ne pas mieux desservir que l'ancien les intérêts du bassin. Nous ne croyons pas que les études soient encore complètes et définitives, mais nous pensons qu'il n'est pas plus entré dans l'idée des concessionnaires que dans celles des conseils généraux, de passer devant toutes les usines, sur le carreau de toutes les mines. Certains établissements y gagneront des facilités, d'autres resteront mieux à portée de l'ancienne voie. On a eu et l'on n'a pu avoir aucune autre prétention que de parer à l'insuffisance des moyens de transport, d'obtenir pour *tout le monde* la réduction de tarifs qui sera la conséquence forcée de la mise en activité des nouveaux chemins.

Pour nous, représentants spéciaux des intérêts lyonnais, nous nous sommes dit que les transports pour Lyon ne subiront plus les tarifs exceptionnels et exorbitants dont ils sont grevés, tandis que le long des voies navigables, tandis qu'à destination de 44 kilomètres au-delà de notre ville, on jouit même entre Lyon et St-Etienne de tarifs réduits.

Nous ne voudrions pas parler des insinuations, des accusations directes même que nous avons vu se produire dans diverses publications des défenseurs de la puissante Compagnie ; on a prononcé les mots de spéculations aventurières, de chantage, tentés contre cette malheureuse et faible Compagnie de Paris–Lyon–Méditerranée. D'un autre côté, on a demandé compte à M. Talabot de ses intérêts dans les houillères du Gard (1) ; la question n'est pas là, et nous

(1) Il est président de l'administration de houillères dont l'exploitation va commencer très-prochainement.

nous garderons de la déplacer en la portant ainsi sur le terrain des personnalités. Mais quand on ajoute que les Compagnies concessionnaires de St-Etienne à Givors, et de Lyon à Givors sont toutes prêtes à abandonner leurs projets et à entrer en arrangements avec la Méditerranée, nous protestons et nous disons : on se trompe ou on veut tromper le public. De plus on montre ainsi que, aveuglé par certaines rancunes, on n'a pas voulu se donner la peine de lire les projets de concession. On aurait vu que le concessionnaire de la ligne de Givors à Lyon n'est pas celui de St-Etienne à Givors ; qu'au contraire ils ont été en concurrence au grand avantage de la ville de Lyon et des deux départements. On aurait compris que par le fait du tronçon de chemin de fer de Givors à la limite du département de la Loire, les concessionnaires de St-Etienne, au point de jonction, ne seraient pas si à leur aise qu'on le prétend pour abandonner les intérêts du département du Rhône. Ils sont tous liés les uns aux autres, et il ne dépend pas d'eux de se disjoindre. Que l'on se rassure donc, le chemin de Lyon à Givors qui desservira des localités et des intérêts tout différents de ceux qui sont sur la ligne actuelle (Pierre-Bénite, St-Genis, Brignais) qui, par la position de sa gare, assainira et donnera la vie à un quartier entièrement nouveau, qui reliera ce quartier par un pont au quartier Perrache ; ce chemin de fer se fera, si messieurs du Conseil d'État veulent se rendre aux vœux des populations. Mais pour combattre les influences de l'omnipotente Compagnie, il faut que les corps constitués affirment leurs demandes avec énergie : Conseils municipaux, chambres de commerce, conseils d'arrondissement doivent émettre des vœux, formuler des délibérations motivées ; qu'au besoin, les intéressés pétitionnent. Quant aux Conseils généraux leur marche est bien tracée ; ils doivent maintenir et appuyer de nouveaux votes leurs précédentes délibérations dont on a l'air de ne tenir nul compte, qu'on semble même accuser. Ils sont du côté du *vrai* et du droit ; ils doivent triompher.

ÉMILE BONNARDEL,
Conseiller général du 1er canton.

Lyon, Association typographique. — Regard, rue de la Barre, 12